Impressum
Texte: © Copyright 2021 by Maria Anna Bröder
Umschlag: © Copyright by Maria Anna Bröder
Grafiken: Maria Anna Bröder
               Canva.com
Maria Anna Bröder
83115 Neubeuern
www.schriftliche-meditationen.de
www.ballettforum-rosenheim.de

Herstellung und Verlag: BoD – Books on Demand, Norderstedt

ISBN 9783753442501

Bibliografische Information der Deutschen Nationalbibliothek
Die Deutsche Nationalbibliothek verzeichnet diese Publikation in
der Deutschen Nationalbibliografie; detaillierte bibliografische
Daten sind im Internet über http://dnb.d-nb.de abrufbar.

Mein
Tanz-Tagebuch

Use it or lose it!

Wenn Du an Deinen Zielen im Tanz, Akrobatik oder Turnen arbeitest, wirst Du feststellen, wie viel Arbeit es sein kann, ein gesetztes Ziel endlich zu erreichen.

Jetzt geht es darum, sich ein neues Ziel zu setzen und gleichzeitig das andere zu behalten. Wenn Du heute Dein Ziel beim Spagat erreicht hast und dann die nächsten Tage und Woche dieses erreichte Ziel, nicht in vollem Umfang be- oder ausnutzt, wird sich Dein Fortschritt langsam wieder zurück entwickeln. Du verlierst Deinen Spagat, Deine drei- oder vierfache Piruette und Deinen Arial (Freies Rad) schneller als Du ihn Dir erarbeitet hast. Deshalb trainieren Leistungssportler und Profi-Tänzer auch täglich. "Tägliches Training? Dafür hab ich doch gar keine Zeit!"

Täglich zu üben und zu trainieren, bedeutet nicht, dass Deine Eltern Dich jeden Tag ins Studio fahren müssen. Du kannst auch zuhause wunderbar an Deinen Tricks, Sprüngen, Piruetten und Stretchings arbeiten. Dein Lehrer/Deine Lehrerin zeigt Dir bestimmt Kraft- oder Stretching-Übungen die Du gut zuhause trainieren kannst.

Oft braucht man dafür weniger Zeit als man denkt und verschiedene Sachen lassen sich kombinieren.

Während Du in Deiner Lektüre liest, kannst Du im Spagat auf dem Boden sitzen. Dein Gedicht wiederholst Du im Takt zu Squats (Kniebeugen) oder zu Jumping Jacks (Hampelmänner).

Während Du Zähne putzt kannst Du Rélevès machen oder an Deiner Balance arbeiten.

Ein kurzes zusätzliches Training von nur 20 Minuten ist normalerweise immer irgendwie umsetzbar.

Focusiere Dich auf Deine Ziele!

Wenn Du spührst, dass Du Fortschritte machst, macht das auch gar nichts, wenn man mal 5 Minuten später erst zur Freundin kommt. Schließe Dein tägliches Training ordentlich ab. Dein Erfolg beim nächsten Auftritt oder Wettkampf wird Dich für Deinen Fleiß belohnen.

Was ist Dein Ziel?
Worin möchtest Du Dich verbessern?

_____

_____

_____

_____

Hier kannst Du ein aktuelles Tanz- oder Turnfoto von Dir einkleben. Am Ende Deines Tagebuches, siehst Du Deine Fortschritte!

Tanz-Freunde

WEIL TANZEN MIT FREUNDEN DOPPELT SOVIEL SPASS MACHT, KÖNNEN SICH HIER IN DEIN TANZ-TAGEBUCH DEINE TANZFREUNDE EINTRAGEN.

Hier kannst Du ein Foto von Dir und Deinen Tanz-Freundinnen einkleben:

Foto

Wie in einem Freunde-Buch, können sich auf den nächsten 6 Seiten Deine Tanzfreundinnen eintragen.

Hallo, ich bin eine Tanz-Freundin!

Ich heiße

Ein Foto von mir!

Am meisten Spaß macht mir beim Tanzen:

Mein Lieblings-Tanzstil ist:

Hallo, ich bin eine Tanz-Freundin!

Ich heiße

Ein Foto von mir!

Am meisten Spaß macht mir beim Tanzen:

Mein Lieblings-Tanzstil ist:

Hallo, ich bin eine Tanz-Freundin!

Ich heiße

Ein Foto von mir!

Am meisten Spaß macht mir beim Tanzen:

Mein Lieblings-Tanzstil ist:

Hallo, ich bin eine Tanz-Freundin!

Ich heiße

Ein Foto von mir!

Am meisten Spaß macht mir beim Tanzen:

Mein Lieblings-Tanzstil ist:

Hallo, ich bin eine Tanz-Freundin!

Ich heiße

Ein Foto von mir!

Am meisten Spaß
macht mir beim Tanzen:

Mein Lieblings-Tanzstil
ist:

Hallo, ich bin eine Tanz-Freundin!

Ich heiße

Ein Foto von mir!

Am meisten Spaß macht mir beim Tanzen:

Mein Lieblings-Tanzstil ist:

Wie Du dieses Buch benutzt:

In diesem Buch kannst Du 15 Wochen Dein Training dokumentieren. Hier auf der 1. Seite findest Du eine Übersicht Dieser 15 Wochen.

Pro Woche stehen Dir 7 weiße Spalten zur Verfügung. Jeden Tag den Du trainiert hast, sei es im Studio oder zuhause, kannst Du einen "Tag" bunt anmalen und so Deinen Fleiß sichtbar machen.

So ähnlich kann das dann aussehen:

Trainings-Tracker

Hier kannst Du sichtbar machen, wieviel Du trainiert hast. Für jeden Tag in jeder Woche hast Du ein kleines Feld. Mal es für jeden Tag, den Du trainiert hast aus.

1   2   3

4   5   6

7   8   9

10   11   12

13   14   15

Gut geplant ist halb gewonnen!

Wenn Du Dir Anfang der Woche mal kurz Zeit nimmst und Dich auf die kommende Woche konzentrierst, kannst Du nicht nur Stress vermeiden, sondern vergisst auch keine wichtigen Termine. Wenn Du Dir in einer Woche vornimmst, an einer speziellen Technik-Übung oder einem akrobatischen Trick besonders zu arbeiten, vertiefst Du hier Deine Skills und Dein Training verpufft nicht in alle Richtungen.

Es macht auch Sinn, sich auf ein Thema mal einen gewissen Zeitraum zu focusieren, bis man dort richtige Erfolge erzielt hat und sich dann dem nächsten Trick zuzuwenden.

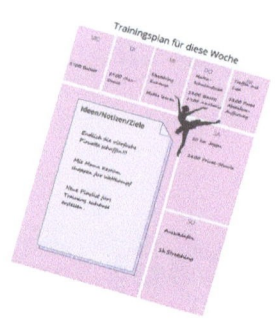

Plane Deine Woche:

Trainingsplan für diese Woche

MO

17.00 Ballett

DI

19.00 Jazz-Dance

MI

Stretching Zuhause

Mathe lernen

DO

Mathe-Schulaufgabe

18.00 Ballett
19.00 Acrobatic

FR

Treffen mit Lisa

18.00 Probe Abschluss-Auffürung

SA

10 km Joggen

14.00 Privat-Stunde

SO

Ausschlafen

1h Stretching

Ideen/Notizen/Ziele

Endlich die vierfache Piruette schaffen!!!

Mit Mama Kostüm shoppen für Wettkampf

Neue Playlist fürs Training zuhause erstellen.

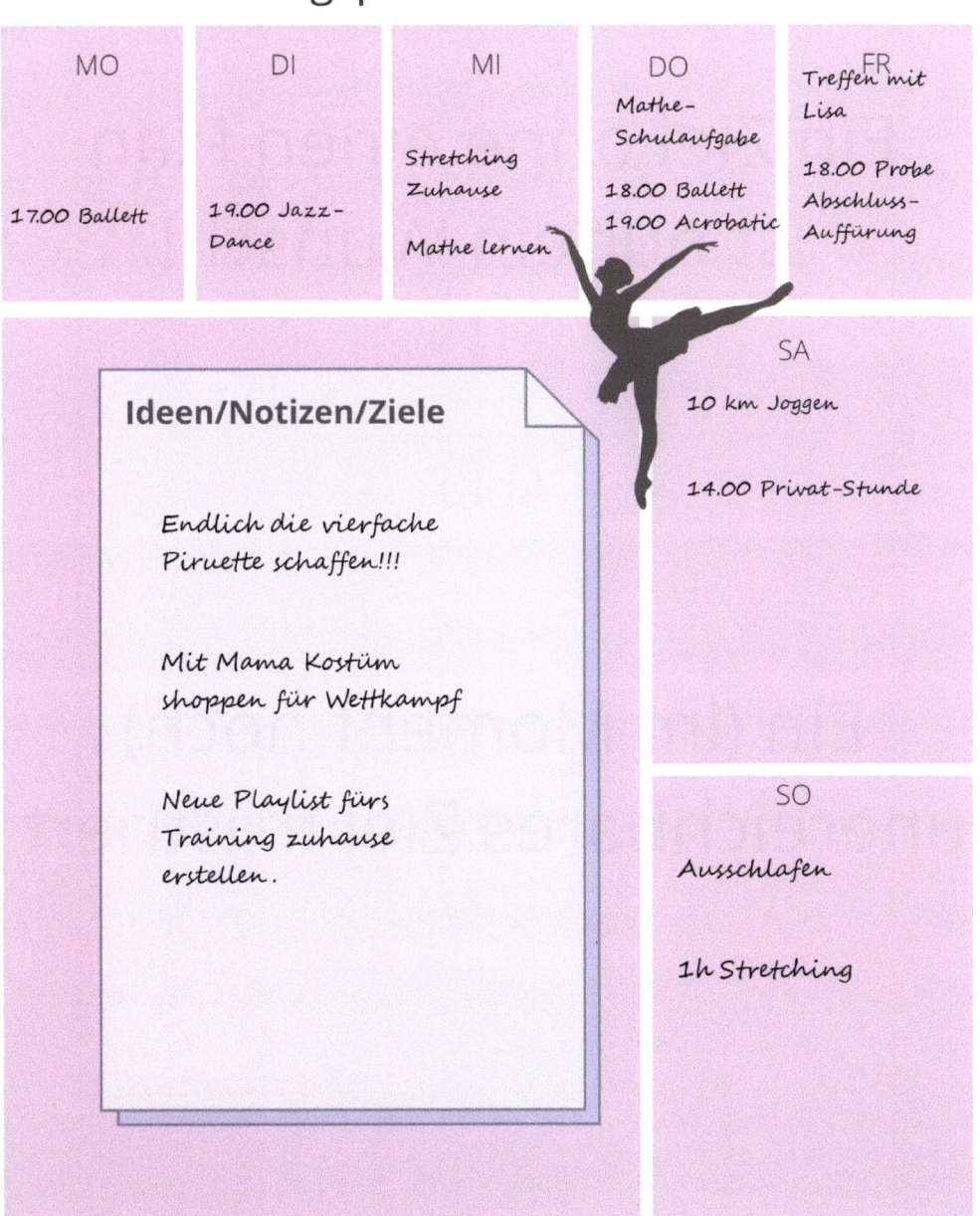

Bevor es losgeht:

Ein Ziel ohne einen Plan
ist nur ein Wunsch!

Aber:

Ein (im Moment noch)
unereichbares Ziel frustriert.

Wenn Du Dich gleich mit Begeisterung daran machst, Deine nächsten Tanz- oder Akrobatik-Ziele aufzuschreiben, schau dass Du Dir immer erreichbare Zwischenziele notierst. Oft ist man am Anfang so motiviert, dass man sich viel zu große Ziele steckt.

Es macht keinen Sinn sich für diese Woche den Bogengang vorzunehmen, wenn Du noch nicht mal die Kraft für eine saubere Brücke hast.

Frag im Zweifel Deine Lehrerin welche Zwischenschritte Du auf dem Weg zu Deinem großen Traum üben sollst und können musst. Sie kann Dir normalerweise auch recht genau mitteilen, wie lange Du vorraussichtlich brauchen wirst, bis Du Dein eigentliches Ziel erreicht hast.

Wenn Du Dir zu große und (im Moment noch) unerreichbare Ziele, für einen zu kurzen Zeitraum setzt, frustriert Dich das nur. Wenn Du dagegen jede Woche ein kleines Ziel schaffst (z. B. "nur" 1 cm tiefer im Spagat), motiviert Dich das eher dran zu bleiben und weiter zu üben, was Dich Deinem großen Ziel natürlich näher bringt und es dann irgendwann eben nicht mehr unerreichbar erscheint.

Jetzt geht's los...

MEINE TÄGLICHEN ÜBUNGEN FÜR ZUHAUSE

....

....

....

....

....

....

Trainingsplan für diese Woche

MO

DI

MI

DO

FR

SA

Ideen/Notizen/Ziele

SO

Mein Training diese Woche war: Datum...............

Korrekturen, die ich von meiner Lehrerin erhalten habe:

Das habe ich neu gelernt:

Daran habe ich besonders gearbeitet:

Mein Plan für nächste Woche:

ICH BIN STOLZ AUF MICH, WEIL...

MEINE LEHRERIN SAGT DAZU:

MEINE TÄGLICHEN ÜBUNGEN FÜR ZUHAUSE

....

....

....

....

....

....

Ziele für diese Woche

1 _____ ☐
2 _____ ☐
3 _____ ☐
4 _____ ☐

Training diese Woche

Montag	Dienstag	Mittwoch

Donnerstag	Freitag	Samstag

Notizen

MEIN TRAINING

Datum:

Daran habe ich diese Woche besonders gearbeitet:

_____
_____
_____
_____

Das habe ich diese Woche neu gelernt:

_____
_____
_____

Korrekturen, die ich erhalten habe:

_____
_____
_____

Soviele Sternchen gebe ich mir:	☆ ☆ ☆ ☆ ☆

Das hat mir besonders viel Spaß gemacht:

_____
_____
_____
_____

Theorie für zwischendurch:

Manchmal nimmt sich ein Lehrer im Unterricht die Zeit und erklärt besonders ausführlich die theoretischen und technischen Grundlagen einer speziellen Übung.

Z. B., dass man beim Battement Tondue mit allen fünf Zehen über den Boden schleifen muss, oder worauf man besonders bei den verschiedenen Positionen beim Sur le cou-de-pied achten sollte. Wenn der Unterricht dann wieder normal weitergeht, vergisst man gerne diese zusätzlichen Infos. Wenn Du sie Dir aber aufschreibst und gelegentlich mal durchliest, kannst Du Dich im Training immer wieder daran erinnern und noch besser an einer sauberen Technik arbeiten.

Theorie für zwischendurch:

Bei der Übung: _____
hat unsere Lehrerin heute erklärt...

Trainingsplan für diese Woche

MO

DI

MI

DO

FR

SA

SO

Ideen/Notizen/Ziele

Mein Training diese Woche war: Datum...............

Korrekturen, die ich von meiner Lehrerin erhalten habe:

Das habe ich neu gelernt:

Daran habe ich besonders gearbeitet:

Mein Plan für nächste Woche:

Ziele für diese Woche

Datum...............

1 _____ ☐

2 _____ ☐

3 _____ ☐

4 _____ ☐

Training diese Woche

Montag	Dienstag	Mittwoch

Donnerstag	Freitag	Samstag

Notizen

Datum:

Daran habe ich diese Woche besonders gearbeitet:

Das habe ich diese Woche neu gelernt:

Korrekturen, die ich erhalten habe:

Soviele Sternchen gebe ich mir:

Das hat mir besonders viel Spaß gemacht:

KLEINER TEST

Wie lange schaffst Du es folgende Übungen zu halten?

		🕐
	Plank-Position	
	Superman	
	Brücke	
	Handstand (an der Wand)	

MEINE TÄGLICHEN ÜBUNGEN
FÜR ZUHAUSE

....

....

....

....

Trainingsplan für diese Woche

MO

DI

MI

DO

FR

SA

SO

Ideen/Notizen/Ziele

Mein Training diese Woche war: Datum................

Korrekturen, die ich von meiner Lehrerin erhalten habe:

Das habe ich neu gelernt:

Daran habe ich besonders gearbeitet:

Mein Plan für nächste Woche:

just for you

Neben Disziplin, Fleiß und Ausdauer ist auch gutes Benehmen, sozusagen eine Tanz-Etikette, ein Baustein auf dem Du Deinen Erfolg aufbaust. Schreibe mindestens 5 Punkte auf, wie Du Dich im Tanz-Training respektvoll, anerkennend und höflich verhalten solltest.

(z. B. Bereits vor Unterrichtsbeginn fertig angezogen und bereit sein, sich von seinem/r Lehrer/in verabschieden, für Ordnung in der Umkleide sorgen,...)

ETIKETTE

Benimmregeln im Tanz-Training

Trainingsplan für diese Woche

MO

DI

MI

DO

FR

SA

Ideen/Notizen/Ziele

SO

Mein Training diese Woche war: Datum..............

Korrekturen, die ich von meiner Lehrerin erhalten habe:

Das habe ich neu gelernt:

Daran habe ich besonders gearbeitet:

Mein Plan für nächste Woche:

Trainingsplan für diese Woche

MO

DI

MI

DO

FR

SA

SO

Ideen/Notizen/Ziele

Mein Training diese Woche war: Datum...............

Korrekturen, die ich von meiner Lehrerin erhalten habe:

Das habe ich neu gelernt:

Daran habe ich besonders gearbeitet:

Mein Plan für nächste Woche:

Datum...............

Hier habe ich in den letzten Wochen Fortschritte gemacht:

Bemerkung von meiner Lehrerin:

MEINE TÄGLICHEN ÜBUNGEN
FÜR ZUHAUSE

....

....

....

....

Ziele für diese Woche

Datum.............

1 _____ ☐

2 _____ ☐

3 _____ ☐

4 _____ ☐

Training diese Woche

Montag	Dienstag	Mittwoch

Donnerstag	Freitag	Samstag

Notizen

Datum:

Daran habe ich diese Woche besonders gearbeitet:

Das habe ich diese Woche neu gelernt:

Korrekturen, die ich erhalten habe:

Soviele Sternchen
gebe ich mir: ☆ ☆ ☆ ☆ ☆

Das hat mir besonders viel Spaß gemacht:

Tanz-Freundin? AUFGABE

TRIFF DICH MIT EINER FREUNDIN/EINEM FREUND AUS DEINEM TANZ-STUDIO UND TRAINIERT GEMEINSAM ZUHAUSE

Mit wem hast Du Dich getroffen?

Welche Übungen habt Ihr gemeinsam gemacht?

Foto

just for you

Freundlichkeit ist mehr wert, als sie kostet. Fred Ammon

Nenne 5 Arten, wie Du Deinen Tanz-Freunden eine kleine Freude bereiten kannst?

_____ ☐

_____ ☐

_____ ☐

_____ ☐

_____ ☐

Wie kannst Du Deiner Tanz-Lehrerin eine Freude machen?

_____ ☐

_____ ☐

_____ ☐

_____ ☐

_____ ☐

Hast Du Dir mal Gedanken darüber gemacht, was es für Deine Eltern bedeutet, dass Du ins Ballett, Jazz-Dance oder Akrobatik-Training gehen kannst?

Sie müssen Dich jedes Mal hinfahren und wieder abholen. D. h. sie müssen ihre Termine auch so planen, damit sie überhaupt Zeit haben Dich zu Deinen geliebten Tanzstunden fahren zu können. In dieser Zeit können sie weder wichtige Sachen von Ihrer eigenen Arbeit erledigen, noch können sie sich von ihrer Arbeit ausruhen. Sie bezahlen Deine Kursgebühr, Deine Trainingssachen und unterstüzten Dich, wenn es mal nicht so gut läuft. Wann hast Du Dich das letzte Mal bei Deinen Eltern bedankt, dass Sie es Dir ermöglichen so ein wundervolles Hobby ausüben zu können?

Nenne 5 Möglichkeiten, wie Du Deinen Eltern eine Freude machen kannst?

_____ ☐

_____ ☐

_____ ☐

_____ ☐

_____ ☐

Ziel für diesen Monat:

Woran möchtest Du diesen Monat besonders arbeiten?

(z. B. An meinen Pirouetten)

Wo stehst Du? Wie weit bist Du schon?

(z. B. Eine doppelte auf beiden Seiten funktioniert schon super!)

Tipps von Deiner Lehrerin:

KLEINER TEST

Wie lange schaffst Du es folgende Übungen zu halten?

	Plank-Position	
	Superman	
	Brücke	
	Handstand (an der Wand)	

Trainingsplan für diese Woche

MO	DI	MI	DO	FR

SA

SO

Ideen/Notizen/Ziele

Theorie für zwischendurch:

Bei der Übung: _____
hat unsere Lehrerin heute folgendes erklärt...

WENN DU ES BIS HIER HER GESCHAFFT HAST, HAST DU SCHON ÜBER DIE HÄLFTE DIESES TRAININGS-TAGEBUCHES GEFÜLLT. ALLEIN DAS IST SCHON GRUND GENUG, DASS DU STOLZ AUF DICH UND DEINE LEISTUNG SEIN KANNST.
SCHREIB NOCH MINDESTENS 3 PUNKTE AUF, WORAUF DU SONST NOCH STOLZ BIST:

ICH BIN STOLZ AUF MICH, WEIL...

-
-
-

ICH BIN STOLZ AUF
MICH, WEIL...

MEINE TÄGLICHEN ÜBUNGEN
FÜR ZUHAUSE

....

....

....

....

Ziele für diese Woche

1 _____ ☐
2 _____ ☐
3 _____ ☐
4 _____ ☐

Training diese Woche

Montag	Dienstag	Mittwoch

Donnerstag	Freitag	Samstag

Notizen

Datum:

Daran habe ich diese Woche besonders gearbeitet:

Das habe ich diese Woche neu gelernt:

Korrekturen, die ich erhalten habe:

Soviele Sternchen
gebe ich mir:

Das hat mir besonders viel Spaß gemacht:

 # AUFGABE

SCHAU DIR EINEN TANZFILM AN!

Welchen Film hast Du Dir angeschaut?

Welcher Tänzer/welche Tänzerin hat Dir am Besten gefallen?

Warum hat Dir gerade dieser Tänzer/diese Tänzerin so gut gefallen?
Was hat er oder sie anders gemacht, als die anderen Tänzer?

Such Bilder aus dem Film im Internet
und druck sie aus.

Foto

Trainingsplan für diese Woche

MO

DI

MI

DO

FR

SA

SO

Ideen/Notizen/Ziele

Datum...............

Hier habe ich in den letzten Wochen Fortschritte gemacht:

Bemerkung von meiner Lehrerin:

AUFGABE

ACHTE DIESE WOCHE MAL BESONDERS DARAUF, DASS DU DEINE TANZ-FREUNDE VOR DEM UNTERRICHT FREUNDLICH UND FRÖHLICH BEGRÜSST. FRAG WIE IHR TAG WAR UND WAS SIE AM WOCHENENDE SO VOR HABEN. VIELLEICHT ENTWICKELT SICH EINE NEUE FREUNDSCHAFT, MIT DER DU GAR NICHT GERECHNET HAST.

Mit wem hast Du Dich unterhalten? Was hast Du neues erfahren?

Foto

DIESE SEITE IST FÜR DEINE TANZ-LEHRERIN.

Wenn wir täglich mit vielen Schülern zusammen sind, bleibt oft keine Zeit auf einzelne Schülerinnen besonders einzugehen. Hier haben Sie als Lehrerin die Möglichkeit, eine motivierende, inspirierende oder lustige Nachricht dieser Schülerin zu hinterlassen, die nur für sie bestimmt ist.

DIESE SEITE IST FÜR DEINE TANZ-LEHRERIN.

Trainingsplan für diese Woche

MO

DI

MI

DO

FR

SA

SO

Ideen/Notizen/Ziele

Datum..............

Was ist Dein nächstes großes Ziel?

_____

_____

_____

_____

Hier kannst Du ein aktuelles Tanz- oder Turnfoto von Dir einkleben. Am Ende Deines Tagebuches, siehst Du Deine Fortschritte!

Träumen

ES GIBT EINE BESONDERS BEQUEME TECHNIK, MIT DER DU DEIN TRAINING UNTERSTÜTZEN KANNST.

VISUALISATION!

ODER AKTIVES TAGTRÄUMEN.

SETZ DICH BEQUEM HIN UND STELL DIR SO BILDLICH WIE MÖGLICH DEINE 5-FACHE PIROUETTE, DEINEN ARIAL ODER DEINEN FLICFLAC VOR.

ES GIBT STUDIEN, DIE BELEGEN, DASS NUR DAS VORSTELLEN EINER BEWEGUNG AUCH ZUR VERBESSERUNG FÜHREN KANN. VIELLEICHT NICHT GENAUSO INTENSIV WIE DEIN TRAINING IM STUDIO. TROTZDEM SOLLTEST DU ES DIESE WOCHE MAL TÄGLICH AUSPROBIEREN, VON DEINEM ZIEL ZU TRÄUMEN.

Wenn Du es Dir vorstellen kannst, dann kannst Du es auch tun!

MEINE TÄGLICHEN ÜBUNGEN
FÜR ZUHAUSE

....

....

....

....

....

....

Trainingsplan für diese Woche

MO

DI

MI

DO

FR

SA

SO

Ideen/Notizen/Ziele

Datum:

Daran habe ich diese Woche besonders gearbeitet:

Das habe ich diese Woche neu gelernt:

Korrekturen, die ich erhalten habe:

Soviele Sternchen gebe ich mir:

Das hat mir besonders viel Spaß gemacht:

MEIN TRAINING

Trainingsplan für diese Woche

MO

DI

MI

DO

FR

SA

SO

Ideen/Notizen/Ziele

Theorie für zwischendurch:

Bei der Übung: _____
hat unsere Lehrerin heute folgendes erklärt...

WELCHEN TANZSTIL MAGST DU AM LIEBSTEN?

WARUM MAGST DU GERADE DIESEN TANZSTIL SO GERNE?

Schreibe mindestens 5 Punke auf, warum Dir ausgerechnet dieser Tanzstil so gut gefällt und so viel Spaß macht.

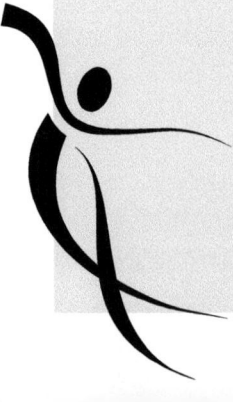

WELCHEN TANZSTIL MAGST DU NICHT SO BESONDERS?

WARUM MAGST DU GERADE DIESEN TANZSTIL NICHT?

Schreibe mindestens 5 Punke auf, warum Dir ausgerechnet dieser Tanzstil nicht so gut gefällt, oder nicht so viel Spaß macht.

Ziele für diese Woche

1 _____ ☐

2 _____ ☐

3 _____ ☐

4 _____ ☐

Training diese Woche

Montag	Dienstag	Mittwoch

Donnerstag	Freitag	Samstag

Notizen

STÄRKEN UND SCHWÄCHEN

Wir alle haben unsere Stärken. Übungen die uns ohne große Anstrengung ganz leicht fallen und sofort gelingen. Aber wir haben auch unsere Schwächen. Bei diesen Übungen Quälen wir uns und machen scheinbar kaum Fortschritte.

Bleib dran!

Trainiere fleißig und hab Spaß am Training und am Tanzen. Gerade das Arbeiten an Deiner "Schwachstelle", kann dazu beiträgen aus Dir eine fantastische Tänzerin zu machen.

Sweat is weakness leaving your body!

Schweiß ist Schwäche, die Deinen Körper verlässt.

MEINE STÄRKEN UND SCHWÄCHEN

SCHWÄCHEN

STÄRKEN

TIPPS UND RATSCHLÄGE VON MEINER LEHRERIN:

MEINE TÄGLICHEN ÜBUNGEN
FÜR ZUHAUSE

....

....

....

Ziele für diese Woche

1 _____ ☐
2 _____ ☐
3 _____ ☐
4 _____ ☐

Training diese Woche

Montag	Dienstag	Mittwoch

Donnerstag	Freitag	Samstag

Notizen

MEIN TRAINING

Datum:

Daran habe ich diese Woche besonders gearbeitet:

Das habe ich diese Woche neu gelernt:

Korrekturen, die ich erhalten habe:

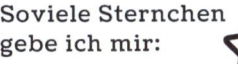 Soviele Sternchen gebe ich mir:

Das hat mir besonders viel Spaß gemacht:

Freude

JEDER TAG, AN DEM DU NICHT
LÄCHELST, IST EIN
VERLORENER TAG!

Charlie Chaplin

Überlege Dir mindestens 2-3 verschiedene Möglichkeiten, wie Du Dir selbst heute eine Freude machen kannst.

Such Dir etwas davon aus
und tu es JETZT!

Datum...............

Hier habe ich in den letzten Wochen Fortschritte gemacht:

Bemerkung von meiner Lehrerin: